101
preguntas y
curiosidades sobre
dinosaurios

Soledad Gopar

Ilustraciones de
Elizabeth Mallet

el gato de hojalata

Dirección editorial:
María José Pingray

Edición:
Soledad Gopar

Diseño:
Soledad Calvo

Ilustraciones:
Elizabeth Mallet

Corrección:
Pamela Pulcinella

Producción industrial:
Aníbal Álvarez Etinger

101 preguntas y curiosidades sobre dinosaurios / coordinación general de María José
Pingray ; editado por Soledad Gopar. - 1a ed. - Ciudad Autónoma de Buenos
Aires : El Gato de Hojalata, 2021.
64 p. ; 17 x 24 cm.

ISBN 978-987-797-690-8

1. Libro de Entretenimientos. I. Pingray, María José, coord. II. Gopar, Soledad, ed.
CDD 793.21

¿QUÉ ES LA CURIOSIDAD?

Es volver a mirar eso que nos llama la atención y no dar nada por hecho. La curiosidad nos permite conocer el mundo que nos rodea como si lo viéramos por primera vez; mirar con lupa, indagar, preguntar, comparar y comprobar que todo es más extraordinario de lo que parece *a primera vista*.

En este libro, hemos viajado al pasado de la vida de nuestro planeta, cual paleontólogos, explorando la era Mesozoica y sus tres períodos (Triásico, Jurásico y Cretácico), para recoger tantas preguntas ingeniosas como pudimos.

Acompáñanos en nuestra expedición por un mundo de preguntas con respuestas que te asombrarán y que podrás compartir con tus amigos y tu familia.

¡Sé un explorador de eras pasadas, un experto en curiosidades!

En las últimas páginas encontrarás un cuestionario que podrás resolver con todos los datos sorprendentes que has descubierto.
¡Tú eres el experto!
Obtén tu diploma de EXPERTO EN CURIOSIDADES SOBRE DINOSAURIOS.

ÍNDICE

LA ERA DE LOS DINOSAURIOS

PERÍODO TRIÁSICO

PERÍODO JURÁSICO

PERÍODO CRETÁCICO

PALEONTÓLOGOS

1 ¿POR QUÉ NO HAY DINOSAURIOS EN LA TIERRA?

Los dinosaurios vivieron durante millones de años en nuestro planeta. Pero hace unos 65 millones de años se extinguieron: desaparecieron todos y cada uno. Se cree que un asteroide gigantesco impactó en Chicxulub, en la costa de México. El polvo y el vapor de la explosión bloquearon la luz del sol, por lo que el cielo se oscureció y el planeta se enfrió en forma drástica. Los dinosaurios no lograron sobrevivir, pero sí otras especies: aves, tortugas, cocodrilos, serpientes, moluscos bivalvos, erizos, estrellas de mar, ciertos anfibios y la vegetación más resistente.

2 SABÍAS QUE...

Muchas especies de animales se encuentran actualmente «amenazadas», es decir, en peligro de extinción, debido a la caza indiscriminada y a la explotación masiva de recursos naturales que realiza el ser humano.

3 SABÍAS QUE...

¡Los primeros reptiles son anteriores a los dinosaurios! Antes de la aparición de los dinosaurios, existieron reptiles que eran la evolución de los anfibios (animales acuáticos como el sapo o la salamandra). ¡Estos pequeños reptiles eran parecidos a las lagartijas actuales!

4 ¿CÓMO SE LLAMA LA ERA DE LOS DINOSAURIOS?

¡La era Mesozoica! Se inició hace unos 251 millones de años y finalizó hace 65 millones de años. Los científicos dividen la historia de nuestro planeta en largos períodos de tiempo, denominados *eras*. La era Mesozoica es conocida como *la era de los dinosaurios* porque ellos dominaron el planeta durante esa época.

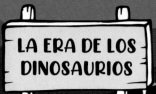

5 SABÍAS QUE... ⁈!

Durante el período Triásico, todos los continentes de nuestro planeta estaban fusionados o unidos en un... ¡supercontinente!, llamado *Pangea*.

6 ¿QUÉ PERÍODOS ABARCA LA ERA MESOZOICA?

Esta era se divide en tres períodos: Triásico (el más antiguo), Jurásico (el período medio) y Cretácico (el último de ellos). Los dinosaurios fueron evolucionando de un período a otro y surgieron nuevas especies. Pero los cambios no solo se presentaron en la evolución de los seres vivos: el clima también se fue modificando, de cálido y seco a cálido y húmedo, es decir, más rico en vegetación y más benéfico para el desarrollo de la vida.

7 ¿CÓMO CONOCEMOS EL ASPECTO DE LOS DINOSAURIOS?

Los científicos que estudian los organismos que han existido en el pasado de la Tierra, los paleontólogos, reconstruyen el esqueleto de los dinosaurios usando huesos fosilizados hallados en excavaciones o expediciones (¡algunos restos fósiles se han encontrado por azar!). Los paleontólogos desentierran estos huesos antiguos, que se encuentran más o menos petrificados (convertidos en piedra). Se imaginan su aspecto estudiando y reconstruyendo las partes faltantes, y comparándolos con animales modernos, como los reptiles.

8 SABÍAS QUE...

¡Al armar el fósil de un dinosaurio es fácil equivocarse! Los científicos pensaron, en un principio, que la garra del *Iguanodon* era un cuerno de su nariz.

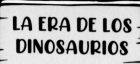

¿CÓMO ERA LA PIEL DE LOS DINOSAURIOS?

Los expertos creen, a partir del análisis de los restos fósiles, que tenían una textura escamosa, lo que hace suponer que los dinosaurios tenían la piel seca y resistente, similar a una hoja de papel áspera y rugosa. Sin embargo, otros científicos creen que algunas especies tenían plumas o cierto pelaje. ¡Un misterio a resolver!

SABÍAS QUE...

Al analizar restos fósiles, se han hallado melanosomas, que tienen la melanina responsable del color de los tejidos. Algunos especialistas creen que los dinosaurios podrían haber exhibido... ¡colores vivos y patrones en la piel!

11 ¿QUIÉN TENÍA UNA EXTRAÑA DIETA?

¡Los dinosaurios omnívoros! Se alimentaban de las partes más blandas de las plantas, como las frutas o las semillas, y de pequeños mamíferos o lagartijas, ¡y hasta de insectos! Su sistema digestivo no era tan especializado como el de los dinosaurios herbívoros o los carnívoros, por lo que no podían alimentarse como ninguno de ellos. ¡Debían buscar otro tipo de alimentación, más variada, pero extraña!

12 SABÍAS QUE... ?!

El *Heyuannia* fue un dinosaurio omnívoro con un pico parecido al del loro moderno, que comía vegetales como el resto de los de su clase, pero se cree que también se alimentaba de ¡mariscos y huevos!

13 ¿QUÉ CARACTERÍSTICAS TENÍAN LOS HERBÍVOROS?

Los dinosaurios herbívoros solían tener grandes dimensiones, ser pesados y de andar lento, y nada ágiles, en comparación con los temibles dinosaurios carnívoros. El largo cuello del que disponían algunos de ellos les permitía alcanzar vegetación que se encontraba en altura. Si bien cada especie tenía sus propias particularidades, sus dientes no eran demasiado puntiagudos, sino más bien preparados para deshojar las ramas o arrancar hojas.

14 SABÍAS QUE... ?!

¡A los herbívoros se les dificultaba masticar el alimento, por lo que solían tragar hojas enteras! Sus mandíbulas no tenían demasiada movilidad, entonces, tragaban piedras (gastrolitos) para moler la comida y digerirla mejor.

15

SABÍAS QUE... ?!

Los dientes eran largos y afilados, pero solían desgastarse y romperse muy a menudo. Sin embargo, ¡les crecían nuevos dientes como a los tiburones, que pueden llegan a tener hasta 20 000 en toda su vida!

16 ¿QUÉ CARACTERÍSTICAS TENÍAN LOS CARNÍVOROS?

¡Los dinosaurios carnívoros fueron evolucionando hasta convertirse en expertos y temibles cazadores! Con el paso del tiempo, ciertos cambios adaptativos mejoraron sus habilidades: su cerebro se desarrolló aún más, los sentidos de la vista y el olfato se agudizaron y las patas delanteras se acortaron (¡sin dejar de conservar sus afiladas garras!). Esto les permitía, junto al contrapeso que hacía la cola, correr a mayor velocidad y hacer cambios repentinos de dirección.

17 ¿CUÁL FUE EL PRIMER DINOSAURIO DESCUBIERTO?

Cuando el fémur del *Megalosaurus* fue desenterrado en una cantera de caliza en Inglaterra, en 1676, se creyó que pertenecía... ¡a un gigante humano! La pieza fue enviada a Robert Plot, profesor de Química en la Universidad de Oxford, quien identificó al hueso como la extremidad inferior del fémur. Las dimensiones y el volumen del fósil eran demasiado grandes como para pertenecer a alguna especie conocida hasta el momento.

18 SABÍAS QUE...

Unos 200 años después, el resto fósil hallado en Inglaterra fue identificado definitivamente como un dinosaurio por el famoso paleontólogo Richard Owen.

19 ¿DÓNDE SE EXHIBEN LOS FÓSILES DE DINOSAURIOS?

¡En museos alrededor del mundo! Los museos paleontológicos exhiben los hallazgos más impresionantes. Se pueden encontrar reconstrucciones, es decir, recreaciones del esqueleto completo, que incluyen piezas fósiles originales, pero también se pueden encontrar réplicas a gran escala. Las réplicas son copias exactas, como suele hacerse con importantes obras artísticas.

20 SABÍAS QUE...

El Museo de Historia Natural de Londres, Reino Unido, es uno de los más reconocidos. ¡Allí se exhiben partes del primer fósil de *Tyrannosaurus rex* descubierto, uno de los más gigantescos carnívoros que alguna vez habitaron nuestro planeta!

21 ¿QUIÉN SE LLAMA COMO UN FAMOSO PERSONAJE?

¡El *Icarosaurus*! Este pequeño reptil podía planear, es decir, volar con las alas extendidas e inmóviles, como un avioncito de papel. Tenía enormes membranas de piel, como alas, que se estructuraban sobre una serie de costillas muy delgadas y largas. ¡También podía saltar o planear de la rama de un árbol a otro!

22 SABÍAS QUE...

Ícaro es un conocido personaje de la mitología griega. Él y su padre, Dédalo, fueron encerrados en un laberinto por orden de un malvado rey. Entonces, Dédalo, que era muy ingenioso, fabricó para él y su hijo unas enormes alas y las fijó con cera, lo que les permitió emprender vuelo y... ¡escapar!

Este reptil planeador era apenas más pequeño que el *Icarosaurus* (18 centímetros), ya que podía llegar a medir hasta 15 centímetros de largo.

24 ¿QUÉ REPTIL SE PARECÍA A LA LIBÉLULA MODERNA?

El *Longisquama* fue un pequeño reptil de la era Triásica, cuyo nombre significa 'el de largas escamas'. ¿A qué se debe su extraño nombre, si era un reptil planeador? La columna vertebral del *Longisquama* tenía una doble hilera de placas móviles, muy alargadas, similares a la forma de las escamas de algunos animales acuáticos. Sin embargo, ¡su forma de planear en cortas distancias era similar a la de las libélulas actuales!

25 SABÍAS QUE...

El *Kongonaphon* se alimentaba de insectos. ¿Cómo se ha arribado a esta conclusión? Los científicos analizaron la forma y el tamaño de sus dientes, que eran cónicos y lisos, con algunas hendiduras. ¡También se lo conoce como el «pequeño asesino o cazador de insectos»!

26 ¿QUIÉN VIVIÓ EN LO QUE HOY ES MADAGASCAR?

¡El pequeño *Kongonaphon*! Se cree que tenía el tamaño de una rata (medía hasta 10 centímetros), su cuerpo era velloso y era un animal muy ágil. Los científicos aseguran que este reptil del período Triásico vivió en lo que hoy es Madagascar, una gran isla, que actualmente es un paraíso de árboles gigantes, animales maravillosos y playas de coral.

27

SABÍAS QUE...

?!

Su cabeza era muy pequeña y de forma triangular. Sus dientes, enormes y afilados, le permitían atrapar insectos en el agua.
¿Para qué utilizaba su largo cuello?
Para sacar la cabeza del agua y... ¡capturar por sorpresa a los insectos que se encontraban en la superficie!

28

¿DÓNDE FUE HALLADO EL «DRAGÓN MARINO»?

En una montaña de la provincia de Guizhou, en China, se hallaron restos fósiles del *Keichousaurus hui*, conocido popularmente como «dragón marino». En esta región de China se han encontrado variedad de fósiles de diminutos reptiles del período Triásico y en buen estado de conservación. Esta pequeña montaña esconde en su interior valiosos fósiles de *Keichousaurus hui*, por lo que ha recibido el nombre de «colina del dragón merodeador».

29 ¿CUÁNTO MEDÍA EL *NOTHOSAURUS*?

Dentro de los reptiles marinos del período Triásico que buscaban alimento en el mar, se destaca el *Nothosaurus*, por su longitud. ¡Medía hasta 3 metros! Algo que sorprende de esta especie es su capacidad de evolucionar progresivamente a un mayor tamaño, además de adaptarse rápidamente a un medio acuático.

30 SABÍAS QUE...

Se cree que el *Nothosaurus* cazaba en el mar, pero vivía en tierra, como las focas actuales. Tenía patas palmeadas, es decir, dedos ligados entre sí por una membrana, que le permitían adaptarse tanto al medio acuático como al terrestre.

31 SABÍAS QUE...

El cuerpo del *Placodus* era similar al del *Nothosaurus*, pero más compacto y pequeño. ¡Su tronco estaba recubierto por una cresta, lo que los hace visiblemente muy diferentes!

32 ¿QUIÉN CAMINABA POR EL FONDO MARINO?

¿Puedes imaginarlo? El *Placodus* era un reptil marino que, además de nadar, ¡podía caminar por el fondo del mar! Sus cortas y robustas patas le permitían aferrarse al fondo y buscar alimento. ¡Sus preferidos eran los moluscos! Tenía dos tipos de dientes: unos más salientes, con los que recogía el alimento, y otros dientes planos que eran útiles para masticar. Su nombre hace referencia a estos dientes planos, como placas.

33 ¿QUÉ DINOSAURIO VIAJÓ AL ESPACIO?

En 1998, un cráneo de *Coelophysis* acompañó a los astronautas en su travesía. La tripulación del Endeavour pidió prestada esta pieza al Museo Carnegie de Historia Natural, en Pensilvania, Estados Unidos, para viajar con él hasta la Estación Espacial Mir y realizar estudios científicos sobre distintos materiales. Sin embargo, no es el primero en cumplir una misión de esta clase: en 1985, un fósil de *Maiasaura* viajó en el transbordador espacial STS-51-F. ¿Quién podría imaginarlo? ¡Dinosaurios en el espacio!

34 SABÍAS QUE...

El *Coelophysis* fue un dinosaurio carnívoro de hasta 3 metros de largo, conocido por ser un cazador muy veloz. Sus huesos eran huecos y livianos, y su cola equilibraba el peso del cuerpo en la carrera y le permitía maniobrar con agilidad. ¡Un experto en velocidad!

35 SABÍAS QUE...

Este reptil tenía un tronco musculoso y muy fuerte, y llegaba a medir aproximadamente 4,5 metros de largo, pero sus mandíbulas y dientes eran débiles. ¡Las apariencias engañan!

36 ¿POR QUÉ EL *DESMATOSUCHUS* TENÍA PÚAS?

Las púas sobre sus hombros (de hasta 45 centímetros) protegían su cabeza frente a un ataque y las usaba para defenderse. Este temible reptil de gran coraza y púas filosas en los hombros era, en realidad, ¡herbívoro! Se estima, además, que era un animal de andar lento, pacífico y tranquilo, aunque su apariencia era muy feroz. ¡Una gran ventaja frente a los depredadores!

37 ¿CUÁNTAS ALETAS TENÍA EL *SHONISAURUS*?

Este gigante del océano tenía cuatro aletas, ¡que tenían forma de remos! El *Shonisaurus* podía llegar a medir hasta 14 metros de largo, pero su cuerpo era elegante y aerodinámico. A pesar de ser un reptil de grandes dimensiones, era muy ágil en el agua. Podía girar sobre sí mismo y dar la vuelta en la dirección opuesta, con la ayuda de sus cuatro aletas, ¡como lo haría un remero con su bote!

38 SABÍAS QUE... ?!

A partir del análisis de los restos fósiles de este gigante acuático, se sabe que las mandíbulas del *Shonisaurus* eran muy alargadas (similares a las del delfín moderno), pero solo tenía dientes en la parte delantera.

39

¿DÓNDE FUE DESCUBIERTO EL *HERRERASAURUS*?

En el Valle de la Luna (provincia de San Juan), ubicado al noroeste de la República Argentina. Una expedición dirigida por Osvaldo Reig halló los restos fósiles de este dinosaurio carnívoro de finales del período Triásico. Se estima que su tamaño rondaba entre los 3 y los 6 metros de largo, y su cuerpo era similar al dragón de Komodo de Indonesia.

40

SABÍAS QUE...

¿?!

El *Herrerasaurus* se desplazaba de manera bípeda, es decir, caminaba sobre sus dos patas traseras, que eran más fuertes y musculosas que sus cortas extremidades delanteras. Su larga cola tenía... ¡forma de látigo!

41

¿QUIÉN TENÍA DOS CRESTAS LLAMATIVAS?

¡El *Dilophosaurus*! Sobre su cabeza lucía una cresta doble, como dos medios platos de canto. Estas dos crestas eran delgadas y frágiles, por lo que se sabe que no las utilizaba para defenderse. Los especialistas creen que eran de colores llamativos para ser distinguidos fácilmente o para llamar la atención por algún motivo. Tampoco se ha podido determinar si las tenían los machos y las hembras. ¡Otro misterio sin resolver!

42 SABÍAS QUE...

La mandíbula del *Dilophosaurus* era estrecha y sus dientes, delgados. Por esta razón, se cree que utilizaba sus poderosas tres garras de las patas delanteras para atrapar a sus presas. Sus miembros traseros eran musculosos, por lo que se cree que era un animal veloz.

SABÍAS QUE... ?!

Algunos científicos creen que las dos filas de placas óseas del *Stegosaurus* eran útiles para enfriar su gigantesco cuerpo: medía hasta 9 metros de largo y pesaba entre 2000 y 5000 kg.

44 ¿QUÉ SIGNIFICA EL NOMBRE *STEGOSAURUS*?

Stegosaurus significa 'lagarto techado' porque tenía sobre su lomo una doble hilera de placas, ¡como tejas o baldosas! Esta coraza de placas óseas puntiagudas le servía de defensa y lo hacía verse de un tamaño mayor al real. ¡Le servía de escudo! Además, la cola de este enorme dinosaurio herbívoro terminaba en cuatro púas filosas. ¡No era una presa para nada fácil!

45 ¿QUIÉN TENÍA UN PODEROSO LÁTIGO EN SU COLA?

¡El *Diplodocus*! Su cola era larga y tenía músculos fuertes, que le otorgaban mayor dirección y potencia a su golpe. El extremo de la cola era muy delgado, por lo que podía dar latigazos para defenderse y espantar a los depredadores.

46 SABÍAS QUE...

Este dinosaurio cuadrúpedo era muy grande (¡hasta 26 metros de largo!). Su cuello era superlargo y le permitía alcanzar hojas y frutos frescos de los árboles. ¡Se erguía, además, sobre sus extremidades traseras para elevarse y alcanzar alimento en altura!

¿DÓNDE SE UBICABAN LAS CÁMARAS DEL *CAMARASAURUS*?

¡En sus vértebras! Las vértebras son cada uno de los huesos cortos, articulados entre sí, que conforman la columna vertebral. El nombre de este dinosaurio significa 'lagarto con cámaras'. Hace referencia a que los científicos han hallado pequeños hoyos o agujeros en cada vértebra de esta especie.

48 SABÍAS QUE... ¿?!

A diferencia del *Diplodocus*, el *Camarasaurus* tenía una cola bastante más corta y pesada, que solía arrastrar mientras se desplazaba con sus cuatro patas del mismo tamaño. Esto hacía que su cuerpo estuviera en posición horizontal, más cerca del suelo.

49

¿QUIÉN SE PARECÍA A UNA JIRAFA GIGANTE?

Durante el Jurásico, existió un dinosaurio herbívoro que se parecía a la jirafa moderna por el largo de su cuello y por tener las patas delanteras más largas que las traseras. ¿Puedes adivinarlo? ¡Se trata del famoso *Brachiosaurus*! Su nombre quiere decir, justamente, 'lagarto con brazos'.

50 SABÍAS QUE...

El ágil cuello del *Brachiosaurus* le permitía alcanzar las copas de los árboles para alimentarse, pero también proteger sus ojos y oídos (¡y su cerebro!) del ataque de los feroces depredadores.

51

¿QUIÉN TENÍA LOS OJOS DEL TAMAÑO DE UN PUÑO HUMANO?

Una de las características más impresionantes del *Ophthalmosaurus* son... ¡sus enormes ojos! ¡No pueden pasar desapercibidos! Esta criatura perteneció a un grupo de reptiles marinos llamados *ictiosaurios*, que solían tener un tamaño gigantesco, el hocico alargado y los dientes separados, ojos grandes y cuatro aletas natatorias, entre otras particularidades.

52 SABÍAS QUE... ?!

El *Ophthalmosaurus* era un veloz cazador de peces y calamares. Este experto nadador podía cambiar de dirección y girar sobre sí mismo en el agua gracias a sus aletas en forma de remo.

53

¿CÓMO SE DEFENDÍA EL ARCHAEOPTERYX?

Se cree que el *Archaeopteryx* fue una criatura extraña, en plena transición entre los reptiles y las aves. Si bien su nombre significa 'ala antigua', esta especie se defendía con las poderosas garras de sus manos y con sus... ¡dientes! Sin embargo, compartía con las aves su plumaje y alas, y era capaz de planear de la copa de un árbol a otro.

54

SABÍAS QUE...

La primera pluma fósil de dinosaurio hallada por los paleontólogos pertenece a un... ¡*Archaeopteryx*! Después de amplios debates, se cree que el color original era negro opaco.

55 SABÍAS QUE... ?!

Si bien su nombre indica que, evidentemente, se alimentaba de aves, la dieta del *Ornitholestes* era más variada, ya que incluía ranas, lagartos y pequeños mamíferos.

56 ¿QUÉ APARIENCIA TENÍA EL «LADRÓN DE AVES»?

El *Ornitholestes*, cuyo extraño nombre quiere decir «ladrón de aves», era un dinosaurio carnívoro pequeño, de aproximadamente 2 metros de largo, con mandíbulas fuertes y dientes grandes. Sus extremidades delanteras eran manos prensiles, es decir, como las manos de los seres humanos: podían sujetar o asir a sus presas, pero tenían cuatro dedos.

57

¿QUIÉN TENÍA UN CUERNO SOBRE LA NARIZ?

El *Ceratosaurus* tenía un pequeño cuerno sobre su hocico, además de otras crestas de hueso sobre sus ojos, a modo de protección. Este dinosaurio era un cazador temible, ya que poseía mandíbulas fuertes y dientes en forma de daga. Sus extremidades anteriores eran poderosas y tenía largas garras, lo que lo convertía en un enemigo letal. ¡Además, podía moverse a gran velocidad!

58 SABÍAS QUE...

Los científicos han estudiado el tamaño y la forma de la cola del *Ceratosaurus*. A partir de estas investigaciones, algunos de ellos creen que este animal pudo haber sido también un buen nadador. ¿Será cierto?

59 ¿CUÁNTO PESABA EL TEMIBLE *ALLOSAURUS*?

¿Puedes creerlo? ¡Pesaba hasta 2000 kg! Sus enormes dimensiones (¡podía alcanzar hasta 12 metros de largo!) y sus feroces características hicieron de él uno de los predadores más temidos y un gran rival para cualquier animal de su época. ¡El *Allosaurus* o 'lagarto extraño' fue el carnívoro más grande de fines del Jurásico, el rey de los predadores!

60 SABÍAS QUE...

El *Allosaurus* podía correr a 40 km por hora, aunque no podía mantener esa velocidad demasiado tiempo. Por este motivo, solía esconderse entre la vegetación para sorprender a su presa. ¡Nadie querría encontrarse con este dinosaurio de 70 dientes aserrados y tres garras filosas de 20 centímetros, sin previo aviso!

61 ¿QUIÉN ES EL *TRICERATOPS* MÁS GRANDE DEL MUNDO?

¡Tiene nombre, por supuesto! Se llama Big John y ha batido los récords de entre todos los *Triceratops* que se han encontrado en el mundo. ¡Tiene tres cuernos en la cabeza y mide 8 metros de largo!
Fue hallado en un rancho de Montana, en los Estados Unidos.

62 SABÍAS QUE...

El nombre completo de esta especie de dinosaurio es *Triceratops horridus*, que significa 'horrible cabeza de tres cuernos', aunque es uno de los dinosaurios herbívoros... ¡más populares y queridos! Pese a su gigantesco tamaño, se alimentaba de plantas duras y ricas en fibra.

63

¿CUÁN GRANDE ERA LA BOCA DEL *TYRANNOSAURUS REX?*

Este famoso dinosaurio era un carnívoro inmenso. Medía casi 6 metros de altura, era tres veces más alto que el oso gris. ¡Su boca era tan grande que hubiera podido tragarse a una persona entera! Y no solo eso, su boca podía producir una fuerza muscular sostenida. ¡Los científicos han estimado que la fuerza de su mordida era de aproximadamente 12 000 kg!

64

SABÍAS QUE...

Algunos científicos creen que el *Tyrannosaurus rex* podía regular la temperatura de su cabeza a través de ciertas estructuras de su cráneo, ¡como una especie de aire acondicionado!

65 SABÍAS QUE...

En *Jurassic Park*, se muestra al *Velociraptor* como un cazador en manada, pero hay pocas pruebas científicas que así lo demuestren. ¿Sabremos alguna vez la verdad? ¡Quizás tú puedas descubrirlo, si te dedicas a la paleontología!

66

¿CUÁNDO CAZABA EL *VELOCIRAPTOR*?

Se ha podido comprobar que este conocido dinosaurio, cuyo nombre significa 'ladrón veloz', cazaba durante la noche. El anillo esclerótico o disco óseo que refuerza el ojo del *Velociraptor* era ancho. Esto permitía que ingresara luz suficiente para ver de noche. Además, ¡tenía un increíble sentido del olfato!

67

¿POR QUÉ ES TAN EXTRAÑO EL *SPINOSAURUS*?

Este depredador gigante tenía una gran aleta en su espalda y un hocico alargado... ¡muy parecido al del cocodrilo! Pero lo más sorprendente es el hallazgo de la cola fosilizada que permitió saber, después de mucho tiempo, que... ¡también nadaba y le encantaba el agua!

68 SABÍAS QUE...

Se diseñó una especie de cola de *Spinosaurus* de plástico. Con ayuda de un robot que tiene luces y sensores, se analizaron los movimientos debajo del agua. Los resultados del experimento hacen pensar que este dinosaurio pasó mucho tiempo sumergido, como un cocodrilo actual, pero gigantesco.

69 ¿EN QUÉ SE PARECEN EL *CARNOTAURUS* Y EL TORO ACTUAL?

Ambos tienen... ¡dos cuernos y una enorme cabeza! Esta característica común se puede observar a simple vista. Además, los hace verse... ¡muy imponentes y peligrosos! Sin embargo... los cuernos del *Carnotaurus* eran pequeños y no los solía usar para defenderse, sino en los combates por las hembras (¡pero no dejaba de ser un carnívoro feroz!). Por el contrario, el toro actual, un animal apacible y tranquilo, utiliza sus cuernos para atacar solo si se siente amenazado.

70 SABÍAS QUE...

En comparación con el toro, los ojos del *Carnotaurus* eran muy pequeños, pero miraban al frente, lo que le otorgaba una visión binocular, es decir, ambos ojos trabajaban en conjunto y ¡podían formar una imagen tridimensional!

71 | SABÍAS QUE...

El trombón es un instrumento musical de viento muy particular: tiene un sonido potente, similar al de la trompeta, pero más grave y con mayor presencia. ¡Busca en línea su sonido para darte una idea de cómo podía sonar la cresta tubular del *Parasaurolophus*!

72 ¿QUÉ DINOSAURIO TOCABA EL TROMBÓN?

El *Parasaurolophus* tenía una larga cresta en forma de tubo sobre su cabeza, que se prolongaba hacia atrás. Con ella, podía emitir bramidos que sonaban muy similares al sonido de un trombón. ¿Cuál era su función? Los científicos creen que lo utilizaban para comunicarse entre ellos, para reconocerse entre los de su mismo grupo, ya que vivían en manadas, o para advertirse de algún peligro inminente.

73 ¿CUÁNTA VELOCIDAD ALCANZABA EL *GALLIMIMUS*?

¡Era una especie de correcaminos! Este veloz dinosaurio podía alcanzar una velocidad de 60 km por hora. ¡Asombroso! Su apariencia era muy similar a la del avestruz actual: largo cuello, cabeza pequeña y pico sin dientes (¡pero el doble de tamaño!). Los científicos creen que no tenía plumas ni alas. Su mejor defensa ante los depredadores era, justamente, ¡huir a gran velocidad!

74 SABÍAS QUE... ?!

Su nombre significa 'semejante a la gallina'. Sin embargo, el *Gallimimus* tenía dos patas delanteras cortas con tres garras en cada mano y dos patas traseras, cuyos muslos tenían músculos fuertes, que le permitían correr muy rápido.

El *Stygimoloch* no era una especie en sí misma. Se ha descubierto que, en realidad, eran especímenes más jóvenes del conocido *Pachycephalosaurus*, que ya de adultos poseían un cráneo más resistente, llamado *bóveda*, sin cuernos... ¡ni adornos!

76 ¿QUIÉN TENÍA CUERNOS DE CIERVO?

¡El *Stygimoloch*! Su gruesa cabeza estaba adornada por racimos de cuernos a ambos lados, lo que le daba ese aspecto similar al de los ciervos actuales. Los especialistas creen que los utilizaban para impresionar a las hembras o para pelear. ¡Era muy común verlos empujarse a cabezazos!

77 SABÍAS QUE...

Este pescador era un dinosaurio temible: podía llegar a medir aproximadamente 9 metros de largo y sus garras eran pesadas (¡de hasta 30 centímetros!). Sus dientes eran largos y filosos, pero redondeados.

78 ¿QUIÉN ERA UN EXPERTO PESCADOR?

Con una dieta a base de peces, el *Baryonyx* era un pescador inigualable. Su boca era grande y alargada, similar a la de los cocodrilos. El hocico tenía forma de cuchara en su extremo, lo que le permitía capturar peces en aguas profundas... ¡sin que se pudieran escapar fácilmente!

79

¿POR QUÉ EL *MOSASAURUS* ERA UN «MONSTRUO MARINO»?

Este reptil marino era gigante: ¡podía medir hasta 15 metros de largo! Pero eso no es todo, ya que sus mandíbulas llegaban a tener más de un metro de largo. Además, su dentadura era impresionante, con dientes de forma cónica y bordes aserrados. Estas características, sumado a que era un reptil ágil y un nadador veloz, lo hicieron famoso como... ¡una de las criaturas más aterradoras de los mares del Cretácico!

80 SABÍAS QUE...

Mosasaurus quiere decir 'lagarto del río Mosa', que es un río de Europa. Sin embargo, se han hallado fósiles de esta especie en todos los continentes, incluida la Antártida.

81 ¿QUÉ ES LA PALEONTOLOGÍA?

La paleontología es la ciencia que estudia los organismos que han existido en el pasado de nuestro planeta a partir de sus restos fósiles. Para descubrir el pasado de la vida en la Tierra es necesario tener, también, conocimientos sobre biología (ciencia que estudia la estructura, el funcionamiento, la evolución, la distribución y las relaciones de los seres vivos) y geología (ciencia que estudia la historia del globo terrestre, así como la naturaleza, formación, evolución y disposición actual de las materias que lo componen). ¿Quieres conocer el pasado de la Tierra? ¡Mira, también, el mundo tal como es hoy!

82 SABÍAS QUE...

La etimología es el estudio del origen de las palabras, de su significado y de su forma. El término *paleontología* proviene de *paleo-* (antiguo o primitivo), *onto-* (ser) y *-logía* (tratado, estudio o ciencia).

83
SABÍAS QUE...

Además de tener una amplia y actualizada biblioteca sobre paleontología, estas universidades cuentan con equipamientos de campo y laboratorio. ¡Se promueve, también, el uso de tecnología para proyectos de laboratorio! ¡A experimentar!

84 ¿DÓNDE ESTUDIAN LOS PALEONTÓLOGOS?

La paleontología se encuadra dentro de las llamadas *ciencias naturales*, es decir, aquellas que, como la botánica, la zoología y la geología, se ocupan del estudio de la naturaleza. Por este motivo, los paleontólogos estudian en universidades que se especializan en ciencias exactas y naturales. En estas universidades se atesoran numerosas colecciones de fósiles, que están al alcance de los alumnos con fines didácticos, es decir, para que puedan aprender e investigar a partir de la observación directa.

85 ¿CÓMO SE EXTRAE Y SE LIMPIA UN FÓSIL?

¡Es un trabajo que requiere de mucha dedicación y cuidado! Una vez que los paleontólogos descubren un nuevo resto fósil, desentierran estos huesos antiguos y los recubren con yeso. ¿Por qué hacen esto? Para evitar que el material se dañe o reciba un golpe por accidente... ¡es un tesoro que hay que proteger! Cuando llegan al laboratorio, retiran con sumo cuidado la capa de yeso y los restos de roca y tierra que cubren el hueso.

86 SABÍAS QUE... ?!

Los fósiles suelen estar petrificados, por lo que se debe retirar la capa superior de roca que los rodea. ¿Cómo? Los paleontólogos utilizan un producto químico específico para proteger el hueso. Luego, sumergen la pieza en otros productos químicos que eliminan los restos de roca... ¡hasta lograr que el hueso esté limpio y bien preservado!

87 ¿CUÁNTO TIEMPO REQUIERE LA LIMPIEZA DE UN FÓSIL?

Este laborioso proceso puede llevar... ¡semanas, meses o incluso años! Esto se debe a que es un trabajo manual muy complejo y de gran importancia para el estudio de la vida de nuestro planeta. Los científicos pueden dedicar meses o años a limpiar correctamente, proteger y preservar un resto fósil, dependiendo del tamaño de la pieza. ¿Puedes imaginarlo?

88 SABÍAS QUE...

Los paleontólogos no solo se dedican al descubrimiento y extracción de los restos fósiles. También son los encargados de preservar y proteger el patrimonio paleontológico.

89 ¿CUÁL ES EL FÓSIL TERRESTRE MÁS ANTIGUO?

¡No es el de un dinosaurio! ¡Es, al menos, tres veces más antiguo que los primeros de ellos! De todos los hallazgos que han realizado los científicos hasta el momento, el fósil terrestre más antiguo es un microfósil que se parece a un hongo. Este fósil es filamentoso, es decir, tiene forma de hebras o hilos. Se estima que tiene... ¡635 millones de años! y que surgió al finalizar una era de hielo, lo que coincide con la teoría de que la Tierra se vio inmersa en una glaciación global.

90 SABÍAS QUE...

Este antiquísimo fósil fue encontrado en la Formación Doushantuo, al sur de China. Fue hallado dentro de pequeños huecos, los más profundos de un sitio de rocas dolomías (parecidas a la caliza) sedimentarias.

91 SABÍAS QUE... ?!

Los científicos no logran ponerse de acuerdo respecto de cuántas pruebas o de qué tipo deben realizarse para poder determinar la veracidad de este descubrimiento, especialmente porque las criaturas de los mares antiguos podrían haber tenido una apariencia muy diferente a las de hoy en día. ¿Podrán descifrar este enigma?

92

¿DÓNDE SE ENCONTRÓ EL FÓSIL MARINO MÁS ANTIGUO?

¡En el noroeste de Canadá! Se trata de una esponja de mar de... ¡890 millones de años! Este conjunto de fósiles fue hallado en unas grietas de un arrecife de Little Dal. ¿Qué observaron los científicos? Encontraron una especie de «garabato» o patrón sobre unas rocas que les llamó inmediatamente la atención. Después de largos debates, llegaron a la conclusión de que habían descubierto, posiblemente, ¡al animal más antiguo de la historia!

93 ¿QUIÉN FUE OTHNIEL CHARLES MARSH?

Fue uno de los paleontólogos más famosos e importantes en lo que se refiere al hallazgo y clasificación de fósiles de dinosaurios. Nació en 1831, en Estados Unidos, y se le adjudican los descubrimientos de algunos de los dinosaurios más conocidos de la historia: *Diplodocus, Ceratosaurus, Stegosaurus y Allosaurus.* En total, se cree que Othniel Marsh descubrió… ¡decenas de nuevas especies!

94 SABÍAS QUE...

¡Este famoso paleontólogo tenía un gran rival! Se llamaba Edward Drinker Cope y es quien descubrió en 1892 a uno de los dinosaurios más queridos y conocidos por todo el mundo. ¡Ni más ni menos que el *Tyrannosaurus Rex*!

95
SABÍAS QUE...

El error de Cope (el primer paleontólogo capaz de reconstruir el esqueleto de un gran dinosaurio) consistió en colocar el cráneo del *Elasmosaurus* en el extremo opuesto. ¿Quién no se ha equivocado alguna vez?

96
¿QUÉ FUE LA «GUERRA DE LOS HUESOS»?

Este es el nombre que recibió el fuerte enfrentamiento entre Othniel Charles Marsh y Edward Drinker Cope. Inicialmente, estos colegas trabajan en colaboración y de manera pacífica. Después de varias discusiones y sucesos extraños, Marsh le declaró la guerra a Cope, y ya no hubo reconciliación posible: en 1869, el famoso paleontólogo humilló públicamente a Cope mostrando un error que había cometido su excolega al ensamblar el esqueleto de un *Elasmosaurus.*

97

¿QUIÉN FUE LA PRIMERA PALEONTÓLOGA MUJER?

¡Mary Anning! Esta incansable buscadora de fósiles nació en Lyme Regis, al oeste de Dorset, en Inglaterra. Desde muy pequeña acompañó a su padre en la búsqueda de fósiles. Ella y su hermano vendían al público los huesos que habían recolectado, hasta que sucedió algo maravilloso: ¡su hermano encontró el cráneo de un *Ictiosaurus* y, luego, Mary halló una parte del esqueleto! Sin embargo, algo aún más increíble sucedió después: en 1823, Mary Anning descubrió, por sí sola, el esqueleto completo de un enorme reptil marino: ¡un *Plesiosaurus*!

98

SABÍAS QUE...

Pese a su escasa formación científica, también descubrió los fósiles de un *Pterosaurus* (reptil volador) y otras especies de peces extintas. En 2010, la Royal Society reconoció a Mary como una de las diez científicas británicas más influyentes de la historia.

¿POR QUÉ LA PALEONTOLOGÍA TIENE UN FUTURO PROMETEDOR?

En el mundo actual, la presencia de nuevas y más sofisticadas tecnologías hace que el estudio del pasado de la vida de la Tierra se encuentre en su mejor momento. Algunos se atreven a decir que estamos en una especie de «edad de oro», debido a los avances de la ciencia y al mayor acceso a áreas del planeta desconocidas hasta hace muy poco (¡o que se creían inalcanzables!). Un dato más que prometedor: ¡se descubren aproximadamente unas 50 especies nuevas cada año!

100 SABÍAS QUE...

Hace miles de años, y por falta de conocimiento científico, se creía que los fósiles de dinosaurios eran de.. ¡dragones, criaturas mitológicas, humanos gigantes, dientes de pez o iguanas! En el siglo XIX, Richard Owen determinó que estos restos pertenecían a una especie diferente, que bautizó con el nombre de «dinosaurios» (lagartos terribles).

CUESTIONARIO

¡Hola! ¡Qué viaje genial! Esperamos que te hayas divertido mucho con estas 101 PREGUNTAS Y CURIOSIDADES SOBRE DINOSAURIOS. ¡Es momento de jugar y ver cuánto has aprendido!

Elige la respuesta correcta ✓

A. ¿CÓMO SE LLAMA LA ERA DE LOS DINOSAURIOS?

☐ PALEOZOICA

☐ MESOZOICA

☐ CENOZOICA

B. ¿CUÁL FUE EL PRIMER DINOSAURIO DESCUBIERTO?

☐ *MEGALOSAURUS*

☐ *LONGISQUAMA*

☐ *KONGONAPHON*

C. ¿QUIÉN TENÍA UNA EXTRAÑA DIETA?

☐ DINOSAURIOS HERBÍVOROS

☐ DINOSAURIOS CARNÍVOROS

☐ DINOSAURIOS OMNÍVOROS

D. **¿QUIÉN SE LLAMA COMO UN FAMOSO PERSONAJE?**

- ☐ *TYRANNOSAURUS REX*
- ☐ *ICAROSAURUS*
- ☐ *HERRERASAURUS*

E. **¿QUIÉN CAMINABA POR EL FONDO MARINO?**

- ☐ *TRICERATOPS*
- ☐ *DESMATOSUCHUS*
- ☐ *PLACODUS*

F. **¿QUÉ DINOSAURIO VIAJÓ AL ESPACIO?**

- ☐ *VELOCIRAPTOR*
- ☐ *COELOPHYSIS*
- ☐ *NOTHOSAURUS*

G. **¿QUÉ SIGNIFICA EL NOMBRE *STEGOSAURUS*?**

- ☐ LAGARTO TECHADO
- ☐ LAGARTO CON CRESTA
- ☐ LAGARTO VELOZ

H. ¿QUIÉN SE PARECÍA A UNA JIRAFA GIGANTE?

- [ ] *ARCHAEOPTERYX*
- [ ] *ALLOSAURUS*
- [ ] *BRACHIOSAURUS*

I. ¿CUÁNTO PESABA EL TEMIBLE *ALLOSAURUS*?

- [ ] 2000 KILOS
- [ ] 6000 KILOS
- [ ] 20 000 KILOS

J. ¿QUIÉN ES EL *TRICERATOPS* MÁS GRANDE DEL MUNDO?

- [ ] BIG BOB
- [ ] BIG JOHN
- [ ] MONTANA

K. ¿QUÉ DINOSAURIO TOCABA EL TROMBÓN?

- [ ] *CARNOTAURUS*
- [ ] *GALLIMIMUS*
- [ ] *PARASAUROLOPHUS*

L. ¿QUIÉN ERA UN EXPERTO PESCADOR?

- [ ] *BARYONYX*
- [ ] *PACHYCEPHALOSAURUS*
- [ ] *STYGIMOLOCH*

M. ¿QUIÉN FUE OTHNIEL CHARLES MARSH?

- [ ] QUIEN DESCUBRIÓ AL *TYRANNOSAURUS REX*
- [ ] QUIEN BAUTIZÓ A LOS DINOSAURIOS
- [ ] UN PALEONTÓLOGO FAMOSO

N. ¿QUIÉN FUE LA PRIMERA PALEONTÓLOGA MUJER?

- [ ] ANNA ATKINS
- [ ] MARY SHELLEY
- [ ] MARY ANNING

Ñ. ¿POR QUÉ LA PALEONTOLOGÍA TIENE UN FUTURO PROMETEDOR?

- [ ] EXPERTOS PALEONTÓLOGOS, AVANCES CIENTÍFICOS Y NUEVAS TECNOLOGÍAS
- [ ] GRAN INTERÉS DEL PÚBLICO EN ESTA CIENCIA
- [ ] SE ENCONTRARON LIBROS ANTIGUOS

RESPUESTAS

Aquí encontrarás las respuestas correctas
a cada pregunta del CUESTIONARIO.

Compara tus respuestas con las siguientes:

A. ¿CÓMO SE LLAMA LA ERA DE LOS DINOSAURIOS?

- [ ] PALEOZOICA
- [x] MESOZOICA
- [ ] CENOZOICA

B. ¿CUÁL FUE EL PRIMER DINOSAURIO DESCUBIERTO?

- [x] *MEGALOSAURUS*
- [ ] *LONGISQUAMA*
- [ ] *KONGONAPHON*

C. ¿QUIÉN TENÍA UNA EXTRAÑA DIETA?

- [ ] DINOSAURIOS HERBÍVOROS
- [ ] DINOSAURIOS CARNÍVOROS
- [x] DINOSAURIOS OMNÍVOROS

D. ¿QUIÉN SE LLAMA COMO UN FAMOSO PERSONAJE?

- [ ] *TYRANNOSAURUS REX*
- [x] *ICAROSAURUS*
- [ ] *HERRERASAURUS*

E. ¿QUIÉN CAMINABA POR EL FONDO MARINO?

- [ ] *TRICERATOPS*
- [ ] *DESMATOSUCHUS*
- [x] *PLACODUS*

F. ¿QUÉ DINOSAURIO VIAJÓ AL ESPACIO?

- [ ] *VELOCIRAPTOR*
- [x] *COELOPHYSIS*
- [ ] *NOTHOSAURUS*

G. ¿QUÉ SIGNIFICA EL NOMBRE *STEGOSAURUS*?

- [x] LAGARTO TECHADO
- [ ] LAGARTO CON CRESTA
- [ ] LAGARTO VELOZ

H. ¿QUIÉN SE PARECÍA A UNA JIRAFA GIGANTE?

- [ ] *ARCHAEOPTERYX*
- [ ] *ALLOSAURUS*
- [x] *BRACHIOSAURUS*

I. ¿CUÁNTO PESABA EL TEMIBLE *ALLOSAURUS*?

- ☑ 2000 KILOS
- ☐ 6000 KILOS
- ☐ 20 000 KILOS

J. ¿QUIÉN ES EL *TRICERATOPS* MÁS GRANDE DEL MUNDO?

- ☐ BIG BOB
- ☑ BIG JOHN
- ☐ MONTANA

K. ¿QUÉ DINOSAURIO TOCABA EL TROMBÓN?

- ☐ *CARNOTAURUS*
- ☐ *GALLIMIMUS*
- ☑ *PARASAUROLOPHUS*

L. ¿QUIÉN ERA UN EXPERTO PESCADOR?

- ☑ *BARYONYX*
- ☐ *PACHYCEPHALOSAURUS*
- ☐ *STYGIMOLOCH*

M. ¿QUIÉN FUE OTHNIEL CHARLES MARSH?

- ☐ QUIEN DESCUBRIÓ AL *TYRANNOSAURUS REX*
- ☐ QUIEN BAUTIZÓ A LOS DINOSAURIOS
- ☑ UN PALEONTÓLOGO FAMOSO

N. ¿QUIÉN FUE LA PRIMERA PALEONTÓLOGA MUJER?

- ☐ ANNA ATKINS
- ☐ MARY SHELLEY
- ☑ MARY ANNING

Ñ. ¿POR QUÉ LA PALEONTOLOGÍA TIENE UN FUTURO PROMETEDOR?

- ☑ EXPERTOS PALEONTÓLOGOS, AVANCES CIENTÍFICOS Y NUEVAS TECNOLOGÍAS
- ☐ GRAN INTERÉS DEL PÚBLICO EN ESTA CIENCIA
- ☐ SE ENCONTRARON LIBROS ANTIGUOS

¿CÓMO TE HA IDO?

¡SEGURO QUE MUY BIEN!

¡YA PUEDES COMPLETAR TU DIPLOMA!

ANOTA AQUÍ LOS DATOS MÁS CURIOSOS

DINOSAURIO

DATO:

DINOSAURIO

DATO:

DINOSAURIO

DATO:

¡SABÍAS QUE...

RÉCORD MUNDIAL

Los dinosaurios han obtenido varios récords entre los animales terrestres debido a sus gigantescas dimensiones. ¿Quiénes son los premiados? El *Brachiosaurus* (el más pesado: 50 toneladas), el *Diplodocus* (el más largo: 30 metros) y el *Tyrannosaurus rex* (el más grande de los carnívoros: 9 toneladas y 13 metros de largo). ¡Supercampeones!

DIPLOMA

EXPERTO EN CURIOSIDADES SOBRE
DINOSAURIOS

¡FELICITACIONES! Has viajado al pasado, cual paleontólogo/a, y aprendido sobre grandes descubrimientos de la era Mesozoica. ¡Eres un experto!

(TU NOMBRE)

FIRMA

FECHA

el gato de hojalata